현미경 과학

엄청 작은 생물들이 궁금해!

애나 클레이본 글 | 매튜 릴리 그림
한성희 옮김 | 이동주 감수

키위북스

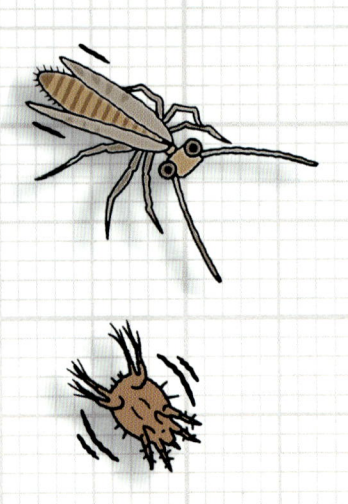

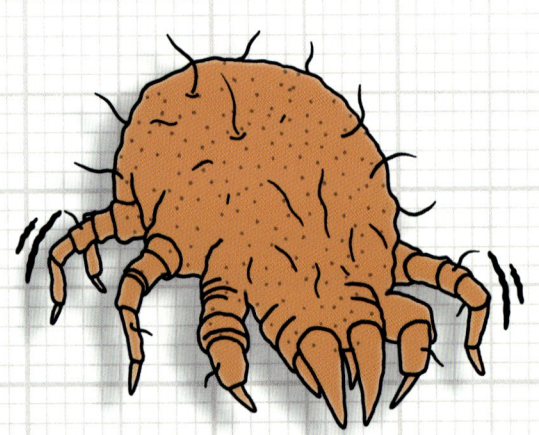

초판 1쇄 발행 2025년 10월 15일

글 애나 클레이본 **그림** 매튜 릴리 **옮김** 한성희 **감수** 이동주
펴낸이 김동호 **펴낸곳** 키위북스 **편집장** 김태연 **편집** 김도연, 박주원 **꾸민곳** 양X호랭 DESIGN
주소 경기도 고양시 일산동구 중앙로 1079, 522호 **전화** 031)976-8235 **팩스** 0505)976-8234
전자우편 kiwibooks7@gmail.com **출판등록** 2010년 2월 8일 제2010-000016호

Tiny Science: Microscopic Creatures
Text by Anna Claybourne
Illustrations by Matt Lilly
Copyright © Hodder and Stoughton, 2022
First published in Great Britain in 2022 by Wayland
Korean edition copyright © Kiwi Books, 2025
All rights reserved.
This Korean edition is published by arrangement with Hodder and Stoughton Limited, on
behalf of its imprint Wayland, a division of Hachette Children's Group and a subsidiary of
Hachette UK, through Shinwon Agency Co., Ltd.

ISBN 979-11-91748-98-7 (77400)

·잘못된 책은 바꾸어 드립니다.
·책값은 뒤표지에 있습니다.

차례

엄청 작아!

지구에서 우리는
수많은 생명체와
함께 살아가요.

윙!

야옹!

풀, 나무, 꽃, 반려동물, 새, 곤충, 곰, 상어,
도마뱀, 고래 등 온갖 종류의 생명체에
둘러싸여 있지요!

그런데 그중 대부분이 우리 눈에
보이지 않는다는 사실을 알고 있나요?
누군가 마술을 부린 게 아니라
너무 작아서 볼 수가 없는 거예요.
여기 있는 이 완보동물처럼요!

안녕! 16쪽을
보면 나에 대해 더
자세히 알 수
있어!

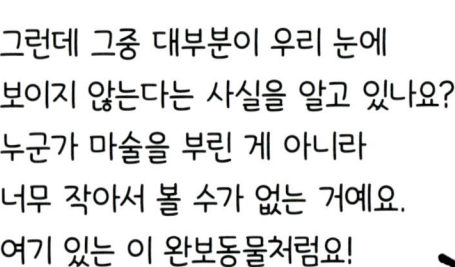

전자 현미경

미생물

과학자들이 '미생물'이라고 부르는 작은 생명체는
지구에 수천 종류가 있어요. 세균(박테리아)*,
고세균*, 효모*처럼 세포*가 딱 하나뿐인
단세포 생물이 미생물에 포함되지요.

 **현미경으로 보기**

이 작은 세균 때문에 우리는 병에 걸리기도 해요.
사진 속 이질균은 배탈을 일으키지요.

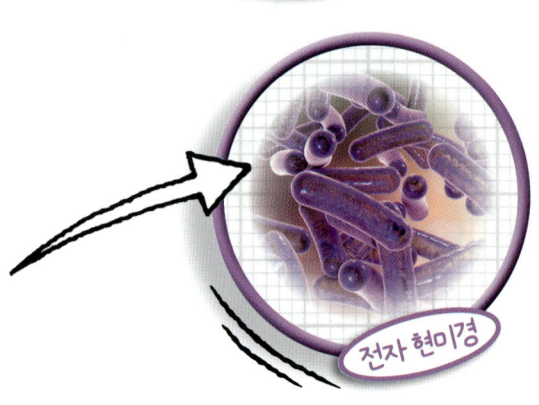

전자 현미경

8

또한 현미경으로 봐야 보이는 미세한 식물, 그리고 '미소 생물*'이라 부르는 매우 조그마한 곤충과 엄청 작은 크기의 동물도 많아요. 인간에게 해로운 것도 있고 해롭지 않은 것도 있지요. 이 작은 생물들은 우리가 사는 집에 같이 살기도 하고, 심지어 우리 몸 안에 살기도 해요!

이 생물이 여러분의 집에서 함께 살 수도 있지만, 걱정하지 말아요! 물지 않거든요.

안심하라고!

전자 현미경

이 조그마한 공작 진드기*는 놀랄 만큼 아름다워요.

미모 부문 대상

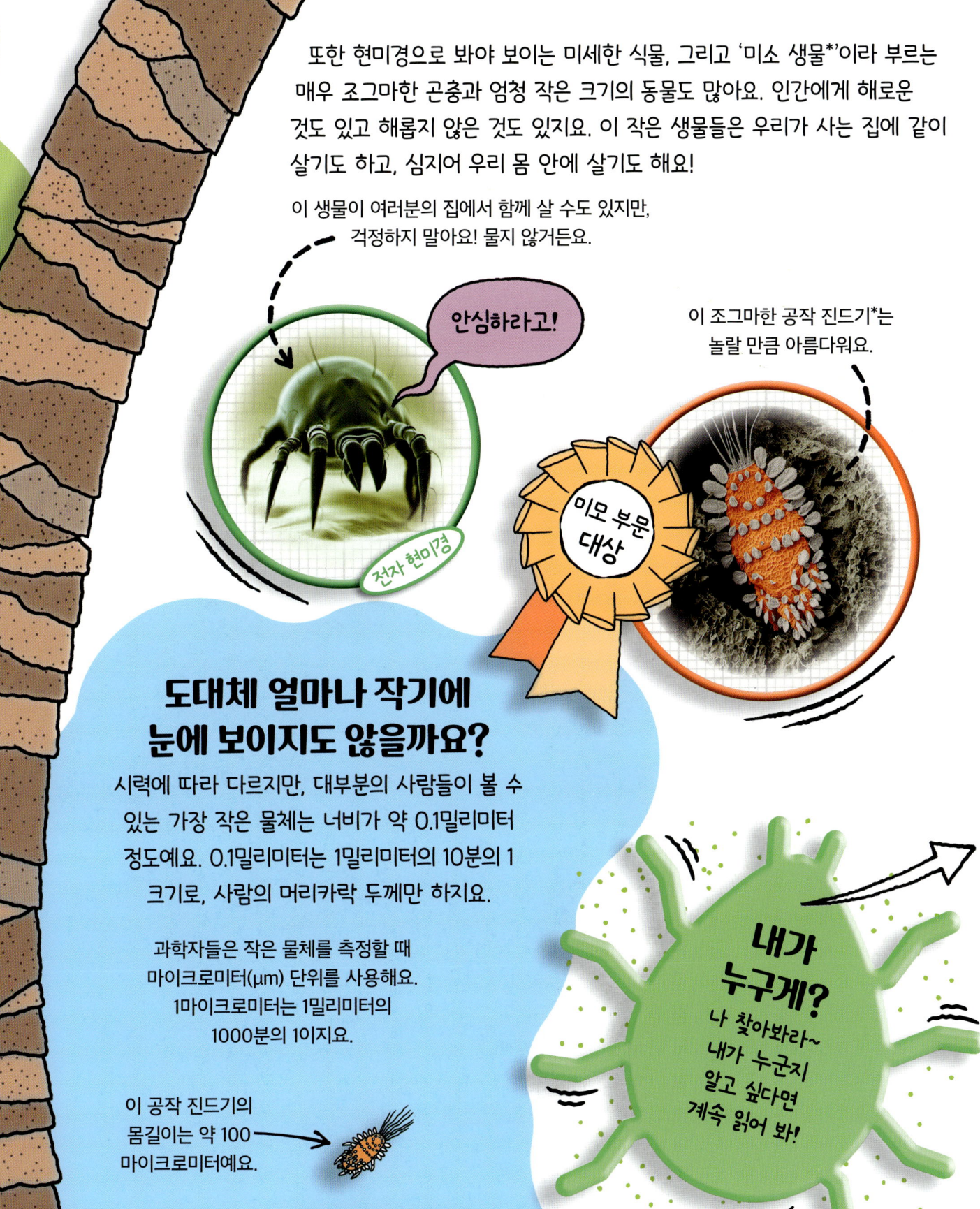

도대체 얼마나 작기에 눈에 보이지도 않을까요?

시력에 따라 다르지만, 대부분의 사람들이 볼 수 있는 가장 작은 물체는 너비가 약 0.1밀리미터 정도예요. 0.1밀리미터는 1밀리미터의 10분의 1 크기로, 사람의 머리카락 두께만 하지요.

과학자들은 작은 물체를 측정할 때 마이크로미터(µm) 단위를 사용해요. 1마이크로미터는 1밀리미터의 1000분의 1이지요.

이 공작 진드기의 몸길이는 약 100 마이크로미터예요.

사람 머리카락의 굵기는 50에서 200마이크로미터 정도예요.

내가 누구게?
나 찾아봐라~ 내가 누군지 알고 싶다면 계속 읽어 봐!

현미경이 보여 준 새로운 세계

현미경을 발명하기 전까지 우리는 우리 주변에 가득한 작은 생물의 세계를 전혀 알지 못했어요. 왜냐하면 현미경 없이는 이들을 볼 수 없으니까요!

최초의 현미경

볼록한 모양의 렌즈*가 든 관으로 물체를 확대해서 보았던 최초의 사람이 누구인지는 아무도 몰라요. 하지만 1610년경부터는 사람들이 벼룩*과 온갖 벌레를 더 자세히 보기 위해 현미경을 흔히 사용했지요.

놀랍군!

위대한 과학자 갈릴레오는 아주 기본적인 초창기의 현미경으로 연구하곤 했어요.

새로운 발견

1660년대에 영국의 과학자 로버트 훅은 현미경을 이용해서 곤충과 식물을 연구했어요. 연구 끝에 현미경으로 확대해서 본 곤충과 식물을 그린 《마이크로그라피아(Micrographia)》 라는 책을 냈고 이 책은 출간되자마자 베스트셀러가 되었어요!

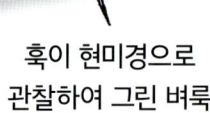
훅이 현미경으로 관찰하여 그린 벼룩

1670년대에 네덜란드의 발명가 안톤 판 레이우엔훅은 작은 유리공을 렌즈로 사용해 성능이 훨씬 더 좋은 현미경을 발명했어요.

렌즈

안톤 판 레이우엔훅은 현미경으로 연못 물과 이빨에 낀 치태(우웩!)를 관찰하다가 꿈틀거리는 아주 작은 무언가를 발견했어요! 그는 이것을 '극미 동물' 혹은 '작은 동물'이라고 불렀어요.

현미경이 등장하고 이전과는 차원이 다른 새로운 과학의 세계가 활짝 열렸어요. 현미경 덕분에 우리는 질병을 일으키는 병원 미생물*과 생명체를 구성하는 작은 세포를 이해할 수 있게 되었어요.

현미경의 유행

1800년대에 들어서자 현미경을 만들기가 더 쉬워졌고 많은 사람들이 현미경을 직접 구할 수 있게 되었어요. 확대해서 보는 재미에 빠진 사람들은 현미경으로 무엇이든지 확대해 보기 시작했어요.

1828년에 그려진 이 만화는 강물 한 방울에 얼마나 많은 생물이 들어 있는지 보고 소스라치게 놀란 여자를 보여 주고 있어요!

전자 현미경

성능이 아주 뛰어난 오늘날의 현미경은 '전자'라는 작은 입자 빔을 사용해서 생물의 미세한 구조를 알아내요. 이 책에도 전자 현미경으로 관찰한 많은 생물들의 사진이 담겨 있어요.

11

엄청 작은 식물

살아 있는 식물 중에서 가장 큰 것은
하늘 높이 우뚝 솟은 커다란
세쿼이아 나무예요.

가장 큰 식물

그런데 가장 작은
식물이 무엇인지는
들어 본 적이 없어요.
가장 작은 식물은
어떻게 생겼을까요?

가장 작은 꽃

가장 작은 식물은 울피아(개구리밥)예요.
마치 물 위를 걸을 수 있을 것처럼 연못에 온통
푸르른 무언가가 쫙 깔려 있는 것을 본 적 있나요?
그게 바로 울피아예요! 수많은 공 모양의
식물들이 물 위에 둥둥 떠 있지요.

울피아 하나의 크기는
케이크 부스러기 정도의
크기이지만, 울피아의 꽃은
현미경으로 봐야 할
정도로 작아요.

가장 작은
식물

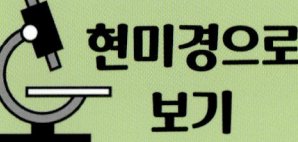

**현미경으로
보기**

조그마한
울피아 꽃

안녕! 난 여기
밑에 있어!

아주 조그마한 씨앗

가장 작은 씨앗은 난초에 있어요. 하나의 난초 씨방*에는 4백만 개의 씨앗이 들어 있어요! 씨방이 쩍 열리면 씨앗이 먼지처럼 바람에 둥둥 떠다니지요. 보석란과 같은 몇몇 종*은 씨앗의 크기가 너무 작아서 현미경이 없으면 볼 수가 없어요.

씨앗이 들어 있는 씨방

보석란의 씨앗은 너비가 10마이크로미터, 길이가 50마이크로미터예요.

단세포 조류

단세포 조류는 식물처럼 초록색을 띠고 태양 에너지로 영양분*을 만드는 광합성*을 해요. 이러한 특성 때문에 예전에는 식물로 분류되었지만, 요즘 과학자들은 동물, 식물, 균에 속하지 않는 원생생물로 분류해요. 주로 물속에서 발견되는 클로렐라와 규조류* 같은 단세포 조류는 특히 더 작아요.

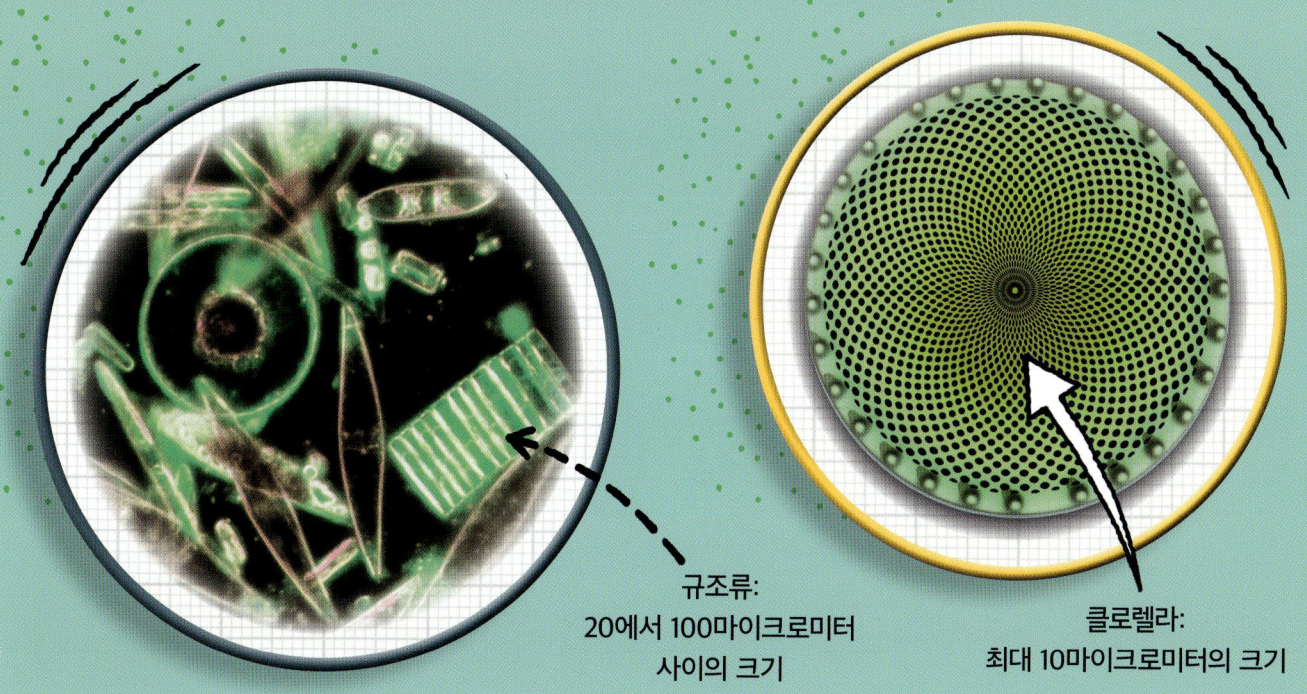

규조류: 20에서 100마이크로미터 사이의 크기

클로렐라: 최대 10마이크로미터의 크기

엄청 작은 동물

인사해요, 세상에서 가장 작은
동물들이에요!

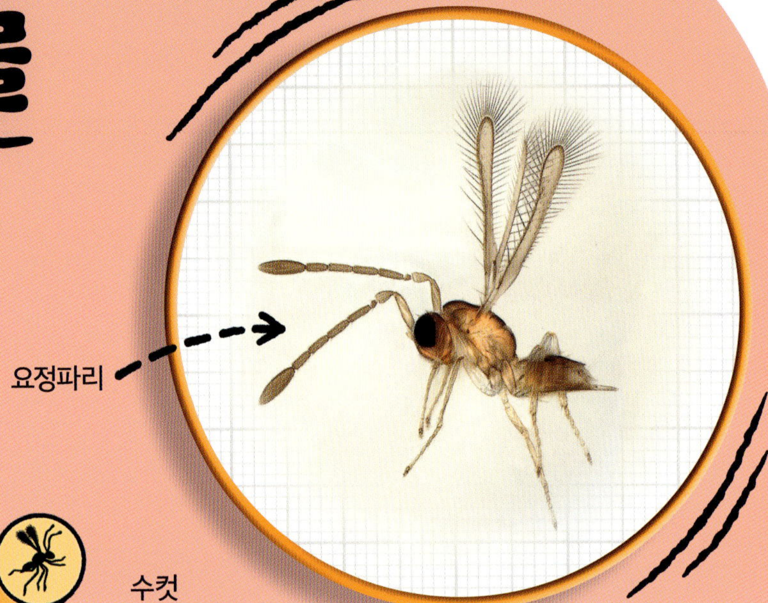

조그만 곤충

가장 작은 곤충은 매우 조그만
요정파리예요. 그런데 요정파리는
요정도 아니고 파리도 아니에요!
실제로는 말벌의 한 종류지요.

성체 수컷 요정파리는
길이가 약 180마이크로미터로
0.2밀리미터도 채 안 돼요.
암컷은 수컷보다 조금 더 커요.

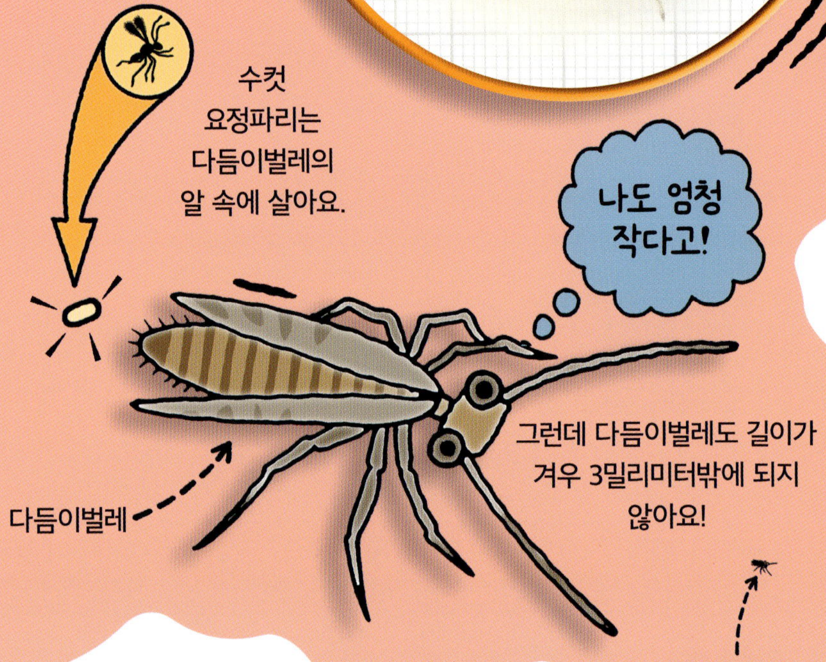

요정파리

수컷
요정파리는
다듬이벌레의
알 속에 살아요.

나도 엄청
작다고!

다듬이벌레

그런데 다듬이벌레도 길이가
겨우 3밀리미터밖에 되지
않아요!

3밀리미터

조그만 거미

세상에서 가장 작은 거미는
파투 거미로 몸길이가 고작
0.4밀리미터밖에 되지 않아요.
파투 거미가 짓는 거미집도 겨우
1센티미터 크기로 매우 작지요!

내가 실제로
이 그림만큼
크다면 진짜
무서울걸!

파투 거미의
실제 크기!

파투 거미의
거미집

파투 거미

그런데 거미의 친척인 진드기는 거미보다 훨씬 더 작아요. 코코넛과 바나나를 먹는 야자 진드기처럼 대다수의 진드기가 현미경으로 봐야 할 정도로 아주 작지요.

현미경으로 보기

후루룩!

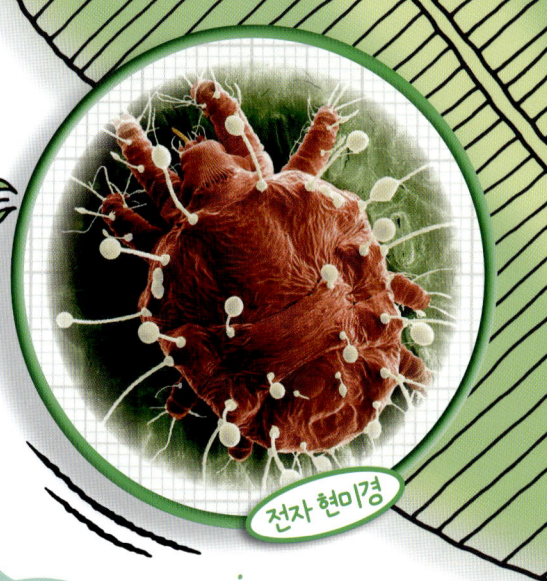

야자 진드기 ----→

전자 현미경

연못에 사는 생명체

안톤 판 레이우엔훅이 직접 만든 현미경으로 발견했듯이(11쪽 참조) 연못 물은 작은 동물로 가득해요. 그 당시 안톤 판 레이우엔훅이 봤을 법한 생명체를 소개할게요.

윤형동물
'윤충'이라고도 불리는 윤형동물*은 머리에 바퀴처럼 생긴 것이 달려 있어요.

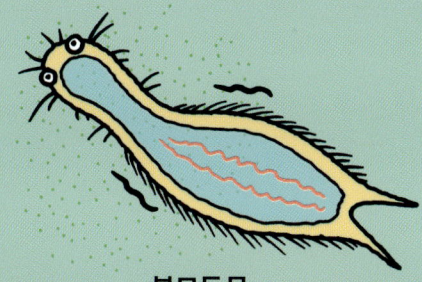

복모동물
'배에 털이 있는 동물'이라는 뜻의 복모동물*은 꿈틀거리는 벌레처럼 생겼고 털이 많아요.

다프니아
물벼룩 중 하나인 다프니아*는 게와 새우의 친척이에요.

연못 물 관찰하기

직접 연못 물을 관찰해 보고 싶다고요? 먼저 주변 어른에게 관찰 과정을 도와 달라고 요청하세요. 어린이용 현미경이나 돋보기도 준비해요.

유리병이나 플라스틱 용기에 연못 물을 담아 와요.

 연못 가장자리에서 물을 뜰 때는 발을 안전한 곳에 딛어요.

담아 온 물을 흰 쟁반이나 접시에 붓고 살펴봐요.

작지만 강해!
완보동물

완보동물은 정말 신기한 생물이에요.
매우 귀엽기도 하지요!
완보동물에 대해 알고 나면
깜짝 놀랄걸요!

아이참,
쑥스럽구먼!

도대체 완보동물이 뭐냐고요?

완보동물은 여덟 개의 다리와 물컹거리는 주둥이를
가진 작은 동물이랍니다. 완보동물은 곤충과 거미처럼
무척추동물이지만 다른 동물과는 다른 독특한 특징이 있어요.

현미경으로 보기

전자 현미경

이끼 위에 있는
완보동물

완보동물이 궁금해?

길이: 300에서 500마이크로미터
(0.3-0.5밀리미터)

먹이: 식물즙, 조류, 세균 그리고 가끔씩 다른
완보동물!

종류: 약 1,300종

완보동물은 어디에나 있어요!

완보동물은 주로 물이 많거나 축축한 곳에 살지만 사실
거의 어디에서나 살 수 있는 생명력을 가졌어요.
다음과 같은 곳에서 발견되기도 하지요.

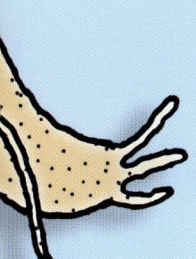

- 이끼를 포함한 다른 식물
- 높은 산꼭대기
- 깊은 바다 밑
- 남극의 얼음
- 뜨거운 온천
- 돌담
- 모래
- 흙
- 진흙

곰이야, 돼지야?

둥실한 생김새가 곰 또는 돼지를 닮아서 완보동물을 '물곰'이나 '이끼 돼지'라 부르는 사람들도 있어요. 완보동물은 '느리게 걷는 동물'이란 뜻이에요. 과학자들이 처음 발견했을 때 이 동물이 매우 느리게 걷고 있었기 때문이지요. 다리가 여덟 개나 달려 있지만 말이에요.

최강 생존자

완보동물은 느리기는 해도 아마 지구상에서 가장 튼튼한 동물일 거예요. 아주 뜨거운 열(섭씨 151도)과 차가운 기온(영하 272도)을 견디고, 건조한 곳에서도 살 수 있으며 심지어 위험한 핵 방사능에서도 살아남을 수 있거든요.

완보동물은 극한의 환경을 견뎌야 할 때면 다리와 머리를 몸 안으로 집어넣어 바짝 마른 작은 공 모양으로 변합니다. 이 상태를 '툰*'이라고 부르는데 이 상태에서는 음식이나 물을 먹지 않아도 10년 넘게 살아남을 수 있어요!

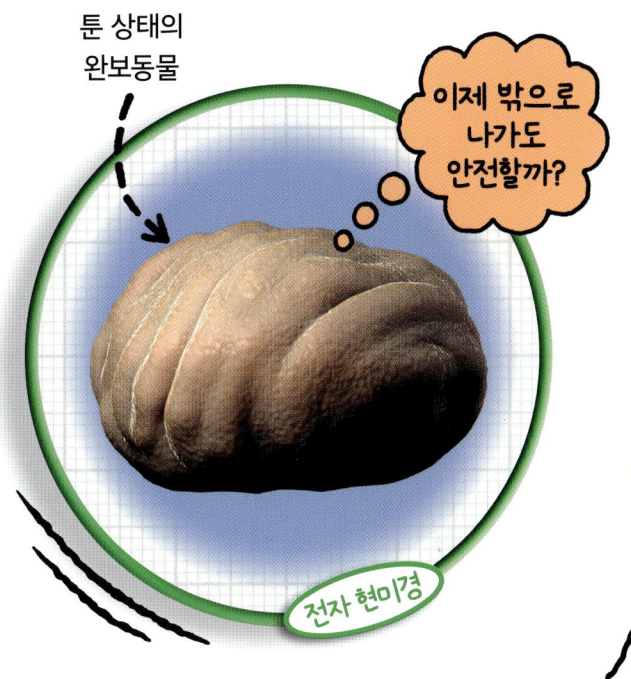

툰 상태의 완보동물

이제 밖으로 나가도 안전할까?

전자 현미경

출발!

우주로 간 이끼 돼지!

맞아요, 완보동물은 로켓을 타고 날아간 적이 있어요. 물론 공기가 없는 진공 상태의 우주에서도 살아남았지요!

바닷속 세계

바다는 플랑크톤이라고 불리는 작은 생물로 가득해요.
플랑크톤은 대부분 아주 작지만 지구에서 어마어마하게
중요한 역할을 해요!

플랑크톤이 뭐예요?

플랑크톤은 특정한 생물이나 종의 이름이 아니라,
물속에서 서서히 움직이는 작은 생물들을 통틀어 부르는 말이에요.

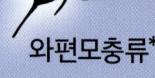
전자 현미경

와편모충류*

식물 같은 플랑크톤

식물 플랑크톤*은 식물처럼 햇빛을
흡수해서 성장해요. 작은 녹조류와
규조류가 대표적이고, 이렇게 생긴
종류도 있어요.

단단한 껍질이 있는
단세포 플랑크톤 중
하나인 석회비늘편모류*

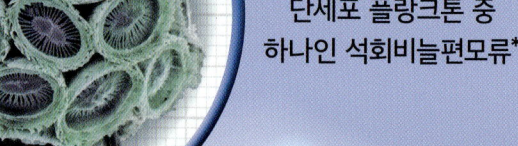
전자 현미경

바다의 나무

식물 플랑크톤은 육지의
숲처럼 공기 중에서
이산화 탄소*를 흡수한 뒤
산소를 내보내요. 이러한 활동은
지구 온난화*로 인한 기온 상승을
막고 동물이 숨 쉴 수 있는
환경을 만들지요.

밤이 되면
반짝이는 밝은 빛

어떤 플랑크톤은 포식자들을
피하려고 스스로 빛을 내는
생체 발광을 해요. 이 푸른빛은
바다를 아름답게 만들기도 한답니다.

동물 같은 플랑크톤

동물 플랑크톤*은 식물 플랑크톤을 먹거나 서로를 잡아먹어요.
요각류*, 유공충*과 같은 작은 동물부터 거대한 해파리, 불가사리처럼
더 큰 바다 생물의 유생*까지도 동물 플랑크톤에 포함되지요.

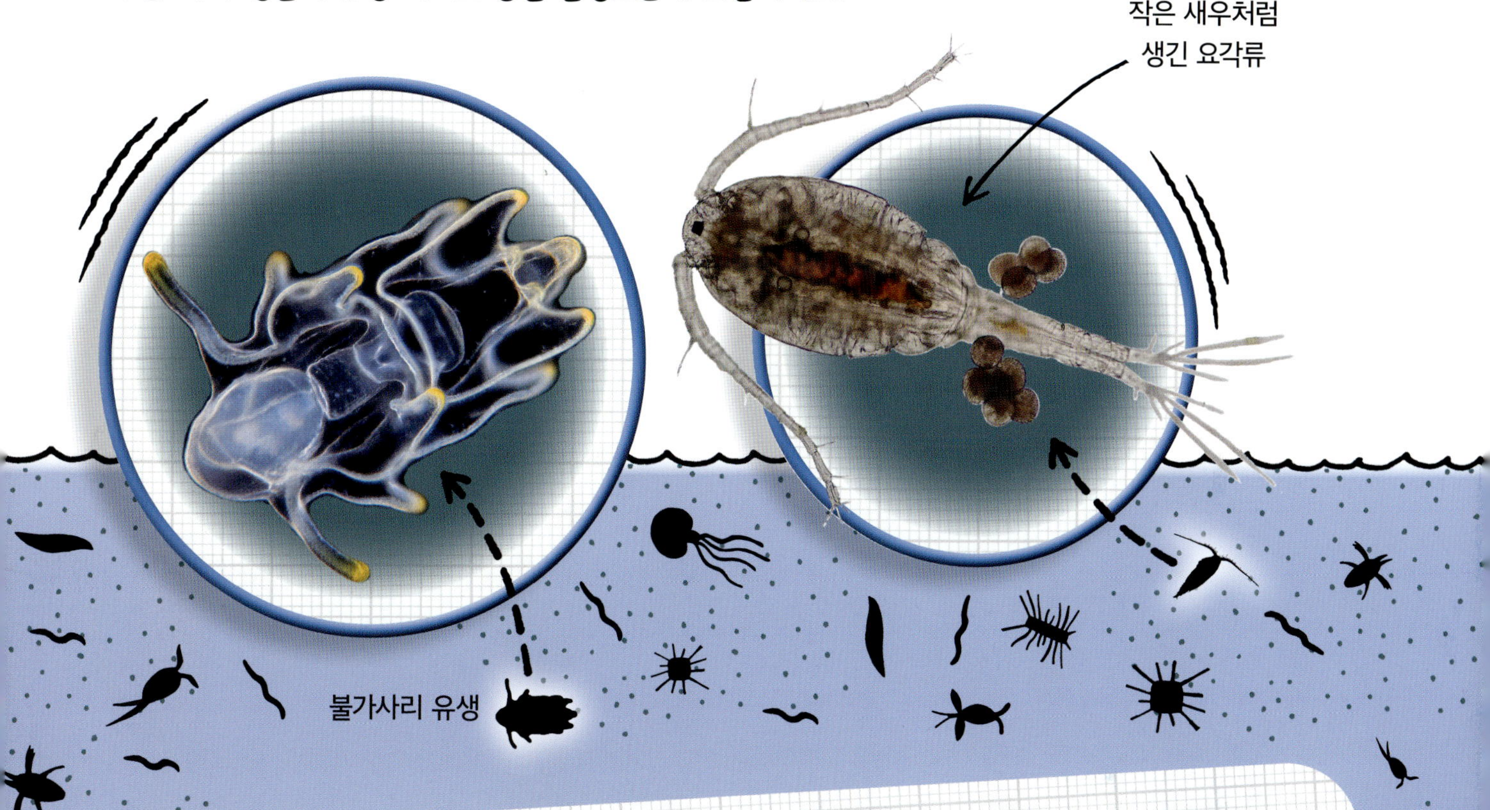

작은 새우처럼
생긴 요각류

불가사리 유생

플랑크톤의 영향력

플랑크톤은 다른 바다 생물의 먹이가 되기 때문에 꼭 필요해요.

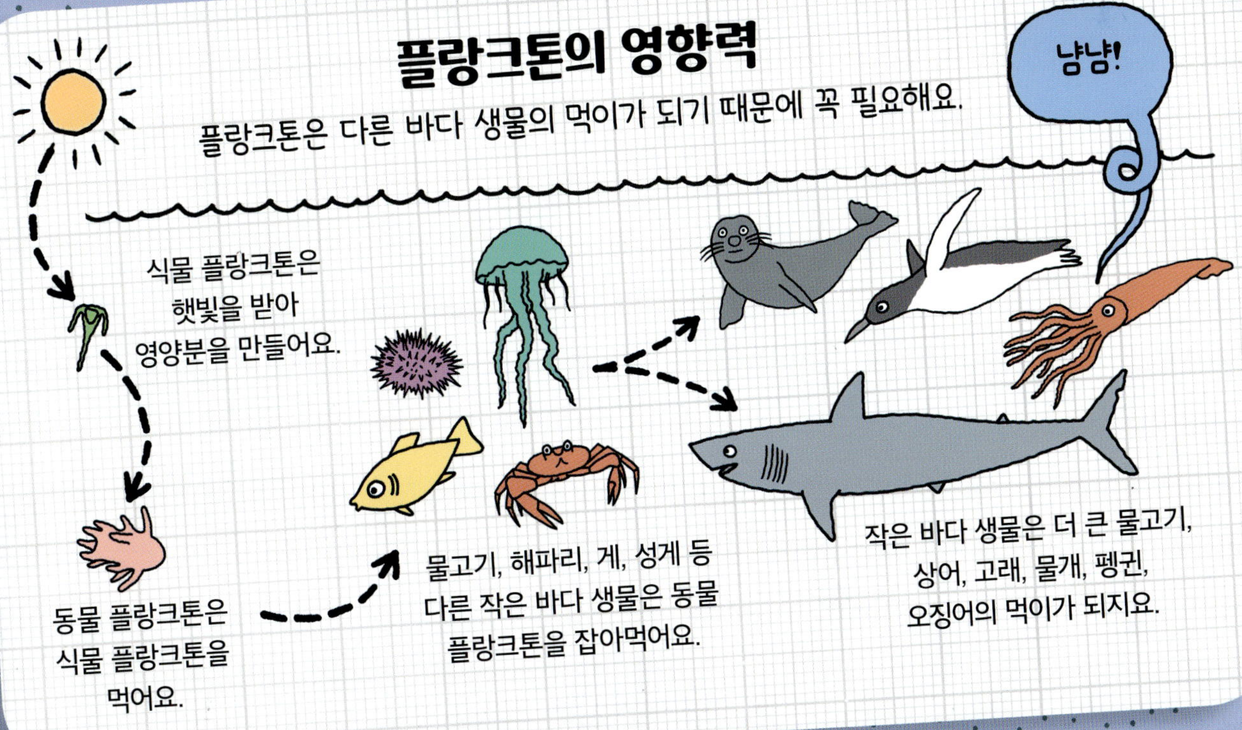

냠냠!

식물 플랑크톤은
햇빛을 받아
영양분을 만들어요.

동물 플랑크톤은
식물 플랑크톤을
먹어요.

물고기, 해파리, 게, 성게 등
다른 작은 바다 생물은 동물
플랑크톤을 잡아먹어요.

작은 바다 생물은 더 큰 물고기,
상어, 고래, 물개, 펭귄,
오징어의 먹이가 되지요.

흙이 살아 있어요!

흙은 얼핏 보면 흥미로울 것 없어 보이지만 자세히 보면 놀라운 생명체로 가득해요.

한 움큼의 흙에는 지구에 있는 사람 수보다 더 많은 생물이 살고 있어요!

작은 생물은 흙에 단순히 살기만 하는 게 아니라 영양분이 되어 흙을 건강하게 만들어요.

수십억 개의 세균

흙에는 여러 가지 유용한 일을 하는 단세포 세균이 잔뜩 들어 있어요.

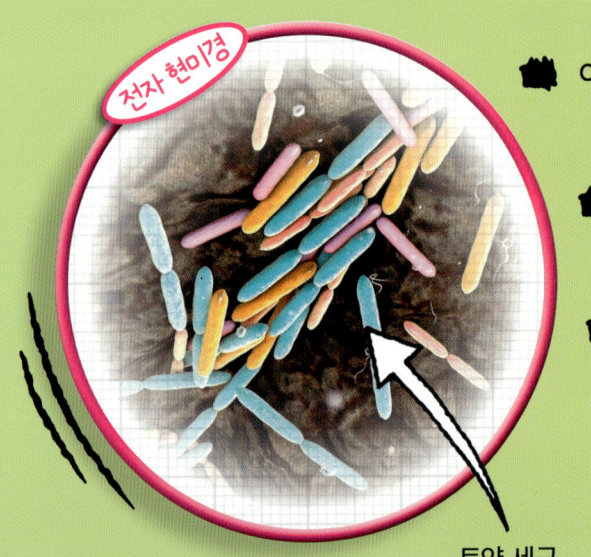

전자 현미경

토양 세균

- 어떤 세균은 죽은 동식물을 먹어 치워 토양 생물에게 필요한 영양분으로 분해해요.

- 어떤 세균은 바위와 무기질을 천천히 녹여서 흙에 영양분을 더해요.

- 어떤 세균은 공기 중에서 질소*를 흡수한 뒤 흙으로 내보내서 식물이 성장하도록 돕지요.

털이 무성한 균류

흙 속의 균류*는 '균사'라고 하는 털처럼 생긴 실을 만들어요. 균사는 식물 뿌리 주변의 흙을 뭉쳐서 식물이 영양분을 흡수하게 도와주지요.

균사 →

조그만 벌레

흙에는 지렁이뿐만 아니라
작은 선충*도 가득해요.
선충은 움직이며 흙을 뒤섞어
영양분을 퍼뜨려요.

뿅!

톡토기는 주로 흙 위에서 발견되는
작은 크기의 벌레예요. 톡토기는
위험이 닥치면 꼬리로 땅을 '톡'
치고서 휙 뛰어오르지요.

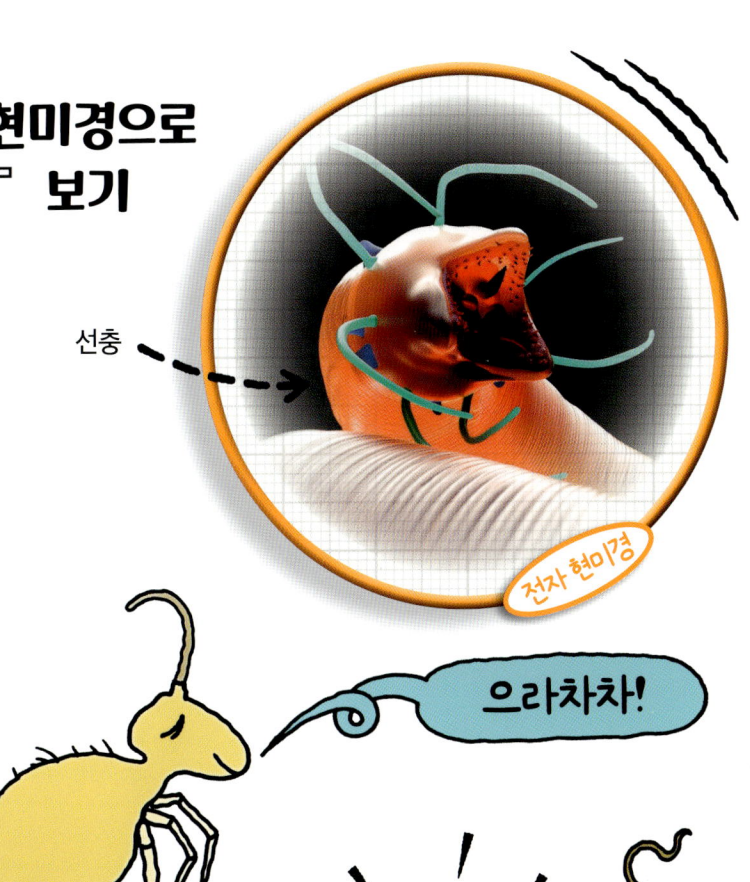

현미경으로
보기

선충

전자 현미경

으라차차!

뿅!

흙에 사는 동물은 더 많아요!

너무 많아서 여기에 다 담지 못할 정도지요!

흙 진드기

노래기

미세
편형동물*

의갈*
(앉은뱅이 거미)

흙냄새

비가 내리면 나는 흙냄새는 바로
흙 속의 세균과 작은 생물들의 냄새예요.
농부는 냄새를 통해 흙에 생명체가
가득한지 아닌지 알 수 있어요!

으음...
딱 좋아!

서로 도우며 함께 살아요

크기가 작은 생물은 항상 포식자에게 잡아먹힐 위험이
있기 때문에 마음껏 돌아다니기 힘들어요.

그래서 몇몇 작은 생물은 무리를 지어 함께 살지요.
그 무리가 어마어마하게 커질 수 있어요!

산호 도시

바닷속 산호초는 조개껍데기와 비슷한 단단한
물질로 이루어져 있어요. 어떤 산호초는 굉장히
거대해서 우주에서도 보일 정도이지만, 산호초를
만드는 산호충(폴립)* 하나하나는 매우 작아요!
산호충은 각각의 개체가 모여 하나의 몸처럼
살아가는 '군체'를 이룬답니다.

산호는 살아 있는 산호충으로
이루어져 있어요. 산호충은
산호의 골격을 만들고 입에 있는
촉수들이 먹이를 나누어 먹을 수
있도록 해요.

입

함께 쓰는
껍질 또는 골격

위

현미경으로 보기

산호충

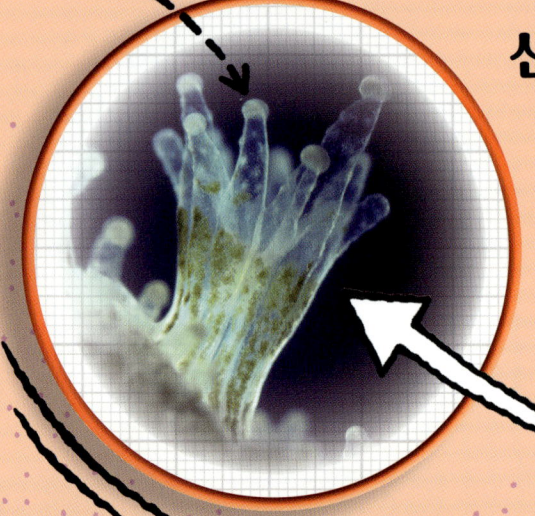

산호 속에 사는 조류

산호충은 훨씬 더 작은 단세포 조류와
팀을 이루어 일하기도 해요. 산호는 조류의
보금자리가 되어 주고, 조류는 산호 속에
살면서 햇빛을 흡수하고 산호충에게
에너지를 전해 주지요.

안에 사는 조류

거대한 바닷속 관

이 거대한 불우렁쉥이도 산호처럼 군체예요. 불우렁쉥이는 길이가 최대 18미터에 달하는 커다란 관 모양으로, 개충*이라고 부르는 작은 생물이 모여 있는 형태예요. 불우렁쉥이가 떠다닐 때 개충은 플랑크톤을 잡아먹어요. 스스로 빛을 낼 수도 있지요.

개충을
확대한 모습

스르륵 미끄러지는 점액

단세포 미생물은 대부분 혼자 살지만 때로는 끈적거리는 점액을 이용해 서로 뭉쳐서 군체를 이루기도 해요. 점균*이라는 끈끈한 덩어리는 먹이를 찾아 기어다닐 수 있어요.

네가 그랬니?!

점균 중 하나인 노란격벽검댕이먼지균의 별명은 '강아지 토사물'이지요!

23

기생 생물

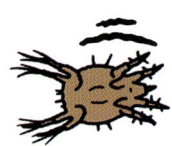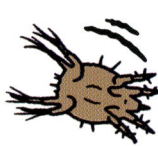

기생 생물은 다른 생물의 몸속이나 표면에 붙어서 먹이를 얻으며 살아가요.
대부분은 크기가 작기 때문에 생존을 위해서 다른 생물에게 기생하는
방법을 선택했어요.

동물에 붙어사는 기생 생물

고양이가 귀를 긁고 있지요? 틀림없이 기생 생물이 있을
거예요! 작은 거미처럼 생긴 귀 진드기는 고양이, 강아지 등
동물들의 귓속에 살면서 귀지와 각질을 뜯어 먹어요.

가려워!
박박!

사실 진드기, 이, 벼룩 등과 같은 기생 생물은
거의 모든 동물에 붙어서 살 수 있어요.
기회만 된다면 말이지요!

음, 좋았어!

귀 진드기

전자 현미경

현미경으로 보기

마치 괴물처럼 기이하게
생긴 이것은 '물이'의
얼굴이에요. 물이는 물고기의
피부나 아가미에 달라붙어서
피를 빨아 먹어요. 물이도
너무 작아서 전자 현미경을
통해서 볼 수 있지요.

누구 마음대로
괴물이라고 하는
거야?

식물에 붙어사는 기생 생물

식물에도 기생 생물이 있어요. 대표적인 것이
잎굴파리예요. 잎굴파리가 잎에 알을 낳으면
알에서 나온 애벌레가 잎 속에 살면서
주위를 우적우적 갉아 먹으며 굴을 파내지요.

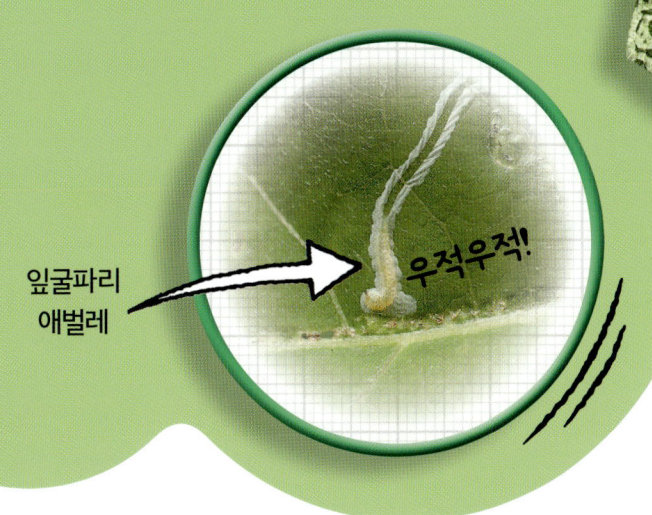

잎굴파리
애벌레

우적우적!

기생 생물에
기생하는 생물!

심지어 기생 생물에 붙어사는
기생 생물도 있어요.
'중복 기생체'라고 하지요.

박쥐파리는 날개가 없어
박쥐에 붙어서 피를 빨아 먹고
살아요. 그런데 기생 생물인
박쥐파리에도 곰팡이가
붙어살아요. 박쥐파리는
기생 생물이면서 동시에
숙주*가 되기도 해요.

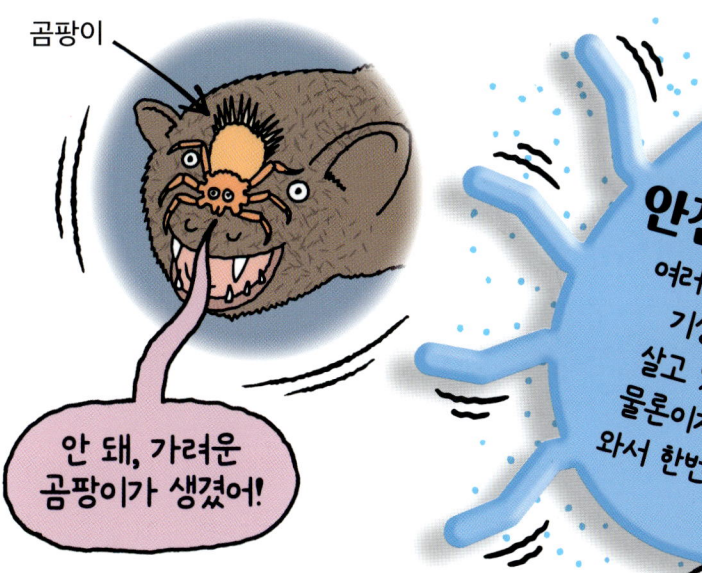

으악, 끔찍한
박쥐파리가 달라붙었어!

박쥐

박쥐파리

곰팡이

안 돼, 가려운
곰팡이가 생겼어!

인간은
안전할까요?
여러분의 몸에도
기생 생물이
살고 있을까요?
물론이지요! 이리
와서 한번 볼까요?

사람 몸에 사는 작은 생물

여러분은 혼자가 아니에요! 엄청나게 많은 작은 생물이
호텔처럼 따뜻하고 아늑하며 먹을 것이 넘쳐 나는
여러분의 몸에 살고 있거든요.

장내 세균

장은 음식물에서 영양분을 흡수하고 남은 노폐물을 똥으로
바꾸는 구불구불한 관이에요. 장 속에 사는 세균은 장이
음식물을 소화하도록 도우면서 자기가 먹을 몫을 챙기지요.

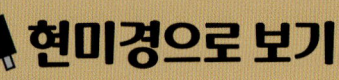 현미경으로 보기

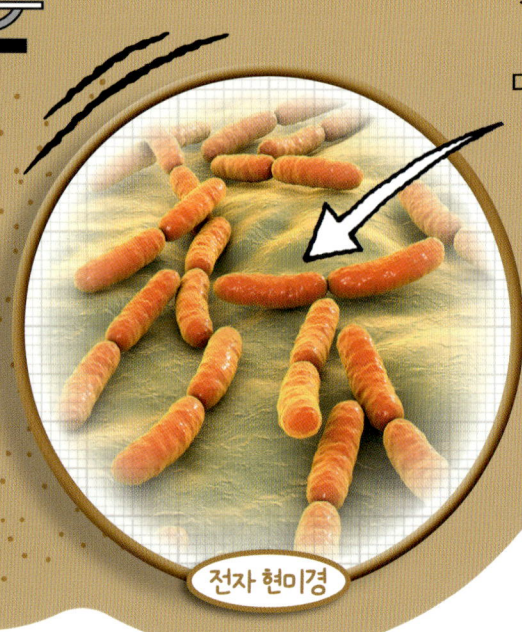

전자 현미경

장에는 언제나 30조 개가
넘는 세균이 살고 있어요!
다행히 세균은 지름이 겨우
2마이크로미터 정도밖에
되지 않아요.

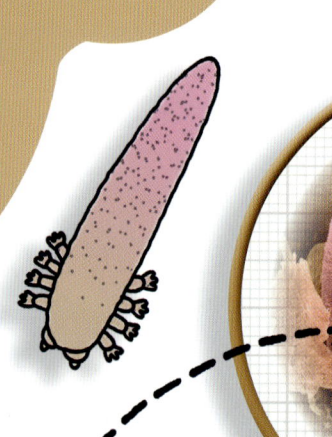

전자 현미경

우리는 여러분의 얼굴에 살고 있어요!

피부에는 더 많은 생물이 살고 있어요. 예를 들어 모낭충은 피부에서
털이 자라는 모낭 주위에 살아요. 특히 속눈썹과 눈썹 털이 자라는
모낭에 많은데, 주로 피부에서 나는 기름인 피지를 먹고 살아요.

발 곰팡이

'무좀*'이라 불리는 발 곰팡이는 발가락
사이에서 자라며 가려움을 유발해요.

(무좀이 있더라도 너무 걱정하지 말아요.
연고를 바르면 없앨 수 있거든요!)

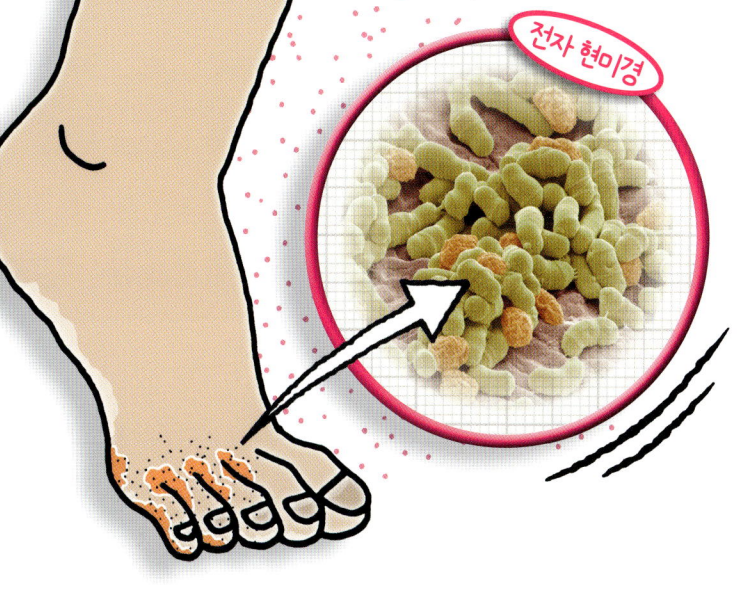

전자 현미경

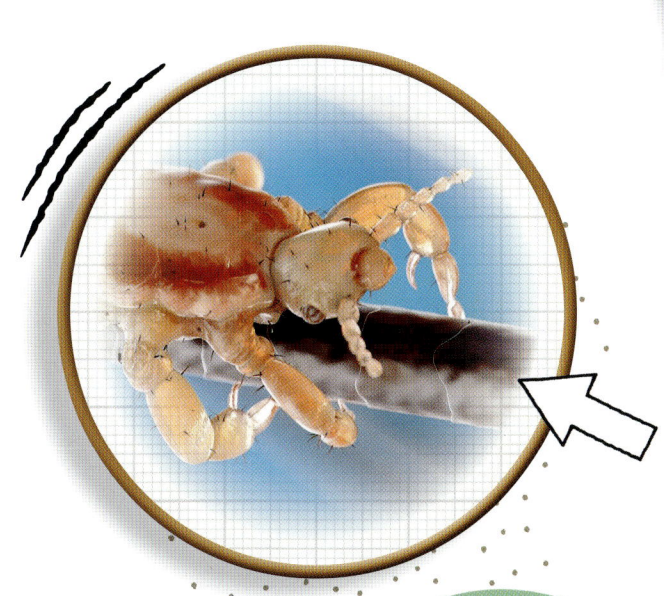

머리에도 살아요!

여기 머리카락 사이사이를 기어
다니는 조그만 곤충인 머릿니가 있어요.
현미경으로 찍은 이 사진은 머리카락에
착 달라붙은 머릿니의 모습이에요!

집에도 아주 많이 있어요!

아주 작은 생물들은 집 안 곳곳에도 살고 있어요.
예를 들어 오래된 책을 갉아 먹는 책 좀과 축축한
화장실 타일에 자라는 곰팡이처럼 말이에요.

수백만 마리의 집먼지진드기도 있어요. 집먼지진드기는 집 안
먼지 속에 있는 피부 각질이나 비듬 먹는 것을 좋아해요.

더러운
카펫 최고!

당황하지
말아요!

작은 벌레들을 보다
보니 왠지 모르게
가려울 수도 있겠지만
너무 걱정하지는 말아요!
우리 몸에 있는 균과
기생 생물은 대부분
해롭지 않거든요.

27

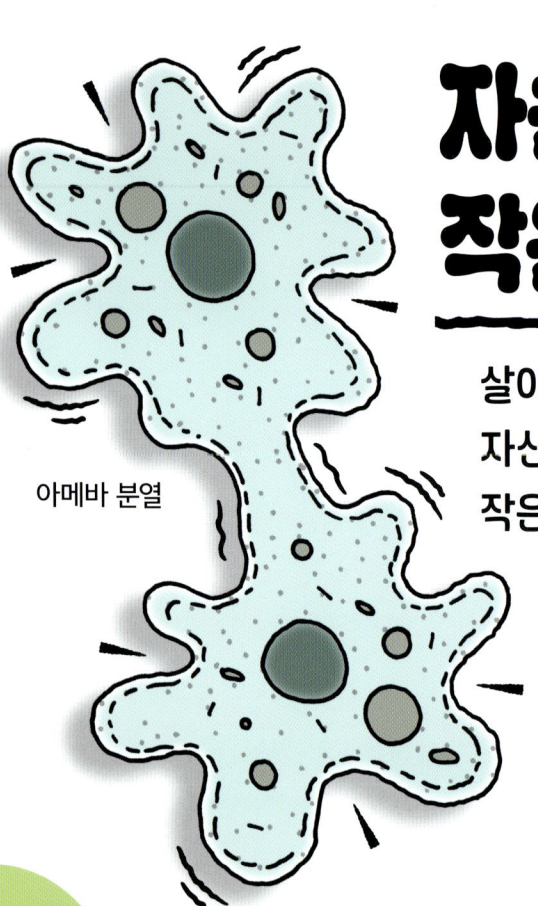

아메바 분열

자손을 남기는 작은 생명체

살아 있는 모든 생명체는 알 또는 새끼를 낳거나 자신을 복제하는 방식으로 대를 잇습니다. 작은 생물은 어떻게 번식할까요?

하나가 둘이 되는 방법, 이분법

세포가 하나뿐인 단세포 미생물은 자신을 둘로 쪼개는 간단한 방법으로 번식해요. 대표적인 단세포 미생물이자 동물과 비슷한 성질을 가진 아메바*는 덩치를 키워 자신의 모든 부분을 복제한 뒤 둘로 쪼개어 번식해요.

싹처럼 자라는 새끼, 출아법

출아법은 또 다른 번식 방법이에요. 다 자란 생명체의 몸에서 '싹'처럼 자란 것이 새끼가 되어 뚝 떨어져 나가지요. 몇몇 산호와 작은 편형동물, 빵효모, 그리고 작은 울피아(12쪽 참조)가 출아법으로 번식해요.

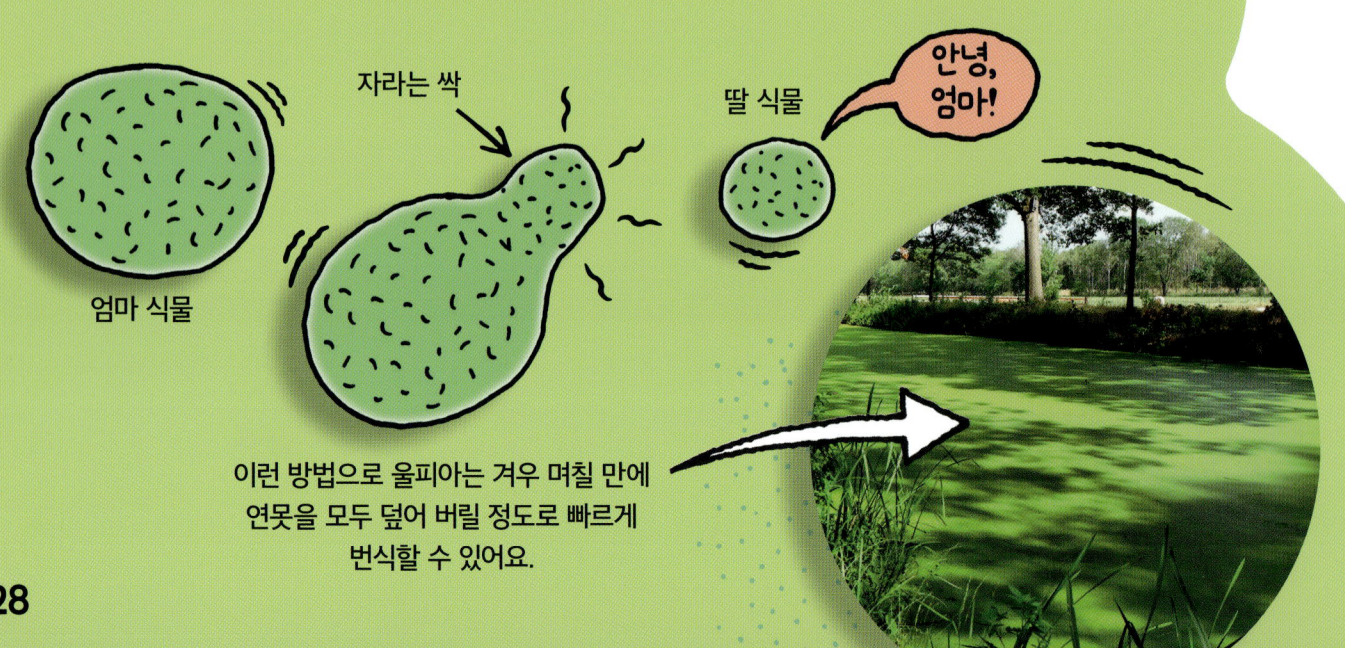

자라는 싹

딸 식물

안녕, 엄마!

엄마 식물

이런 방법으로 울피아는 겨우 며칠 만에 연못을 모두 덮어 버릴 정도로 빠르게 번식할 수 있어요.

알과 새끼

선충, 집먼지진드기, 완보동물과 같은 작은 생물은 알을 낳아요.

완보동물은 자라면서 껍질을 벗는데 이 껍질은
암컷 완보동물이 알을 낳을 때 사용돼요.
암컷은 낡은 껍질로 둥지를 만들어서
그 안에다 안전하게 알을 낳거든요.

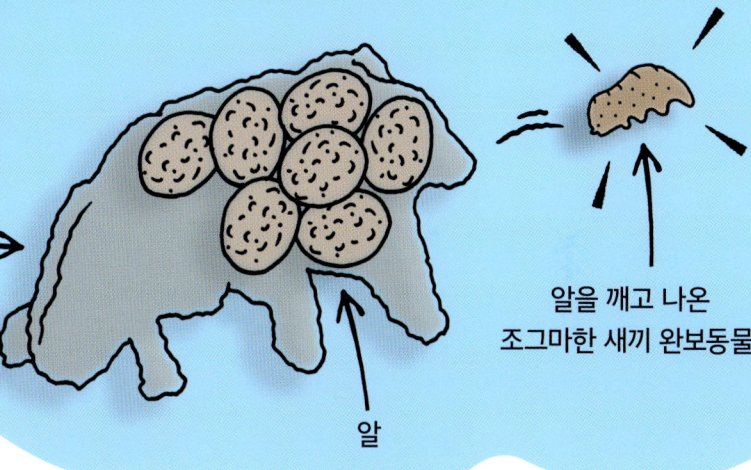

엄마 완보동물

낡은 껍질

알

알을 깨고 나온
조그마한 새끼 완보동물!

보이지 않는 알

눈에 보이는 생명체가
현미경으로 봐야 할 정도로 아주
작은 알을 낳기도 해요.
기생 생물인 요충은 알이 아주 작아서
사람의 손이나 옷에 묻어서
퍼져도 모를 수 있어요.

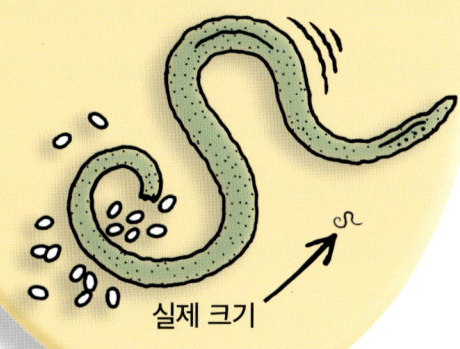

실제 크기

식물 꽃가루

많은 식물이 작은 꽃가루 알갱이를 만드는데, 그 안에는
씨앗을 만드는 세포가 들어 있어요. 현미경으로 보면
다양한 꽃가루의 다채로운 모양을 볼 수 있지요.

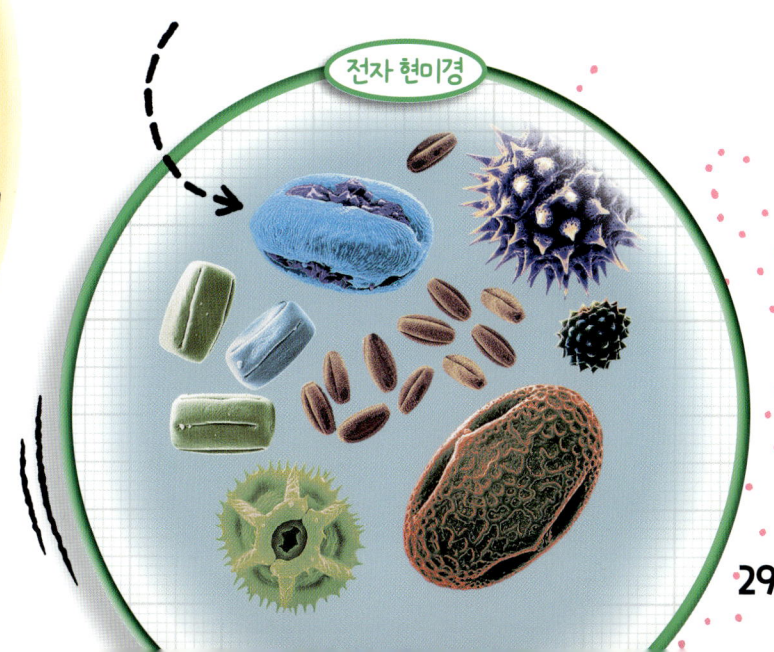

전자 현미경

29

세계 신기록 달성!

여러분은 이미 세상에서 가장 작은 식물과 곤충, 그리고 거미를 만나 보았어요. 이번에는 눈에 보이지 않을 정도로 작아서 세계 기록을 보유한 생물들을 소개할게요!

가장 작은 달팽이

세계에서 가장 작은 달팽이 '안구스토필라 도미니카에'는 중국 남부 지방에 살고 있어요. 2015년에 처음 발견된 이 달팽이는 지름이 겨우 860마이크로미터(0.86밀리미터)로 바늘구멍에 쏙 들어갈 정도로 작아요.

인간의 맨눈으로는 날 못 봐!

가장 작은 벌레

가장 작은 벌레는 선충의 한 종류인 '그리피엘라'예요. 길이가 약 80마이크로미터(약 0.08밀리미터)밖에 되지 않는 그리피엘라는 투명해서 잘 보이지 않고 바다 밑바닥의 미끈미끈한 진흙에 살아요.

그리피엘라 선충

mm
(밀리미터)

1

2

가장 작은 진드기

몇몇 진드기 종은 크기가 100마이크로미터(0.1밀리미터)도 채 되지 않는 초소형 진드기예요. 오른쪽은 초소형 진드기 중 하나인 사과 녹병 진드기를 찍은 사진이에요. 이 진드기가 사과나무의 잎과 열매를 우적우적 씹어 먹는 바람에, 사과를 키우는 농부는 골치가 아파요.

사과는 맛나... 냠냠!

사과 녹병 진드기

가장 작은 벼룩

모래벼룩은 길이가 1밀리미터도 안 되는 가장 작은 벼룩이에요. 아주 작은 크기이지만 모래벼룩의 암컷이 사람의 피부 속으로 파고들어 가 알을 낳으면 가려움과 통증을 일으켜요. 골칫거리 벼룩이지요.

← 1밀리미터 →

모래벼룩은 종종 사람의 발에 파고들어 가요.

아야!

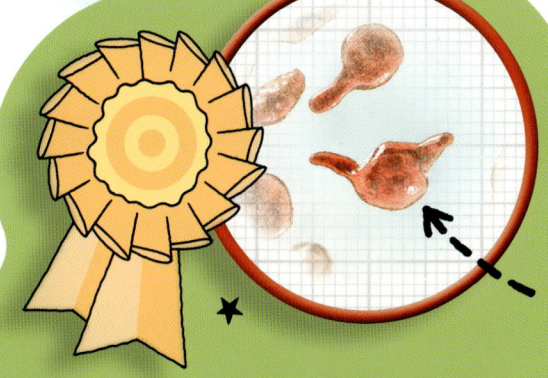

마이코플라스마

가장 작은 생물 세계 1위!

다른 생물에게 기생할 때만 생물의 특성을 가지는 바이러스를 제외하면, 가장 작은 생물은 마이코플라스마예요. 크기가 겨우 3분의 1마이크로미터 정도에 불과하지요. 1밀리미터 안에 마이코플라스마를 3,000개 넣을 수 있어요.

무궁무진한 발견

아주 작은 생물은 보기도 어렵고 찾기도 힘들 수밖에 없어요. 하지만 앞으로 과학이 더욱 발전하면 작고 새로운 생물을 훨씬 더 많이 발견하게 될 거예요!

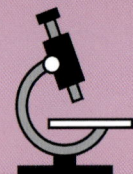

얼마나 작을까요?

이 책은 정말 작은 생물로 가득해요. 하지만 자세히 살펴보면
크기는 천차만별이에요. 각 생물의 크기를 이해하기 쉽도록
그림으로 머리카락의 굵기와 비교하여 나타냈어요.
좀 더 쉽게 작은 생물들의 크기를 실감할 수 있겠지요?

미세한 크기 측정

보통 일반적인 물건을 측정할 때는 센티미터(cm), 인치(in),
미터(m) 등의 단위를 사용해요. 그런데 세균과 같이 아주 작은
생물의 크기를 표현할 때 과학자들은 마이크로미터와 같은
단위를 쓰지요.

1마이크로미터는
1,000분의 1
밀리미터예요.

그러므로 1밀리미터는
1,000마이크로미터이고 1미터는
1백만 마이크로미터이지요.

마이크로미터는
μm 라고 표기해요.

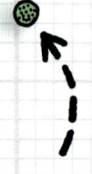

클로렐라

장내 세균

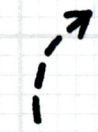

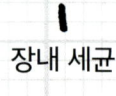

그리피엘라
선충

꽃가루
알갱이

두께가
약 80마이크로미터인
머리카락이에요.

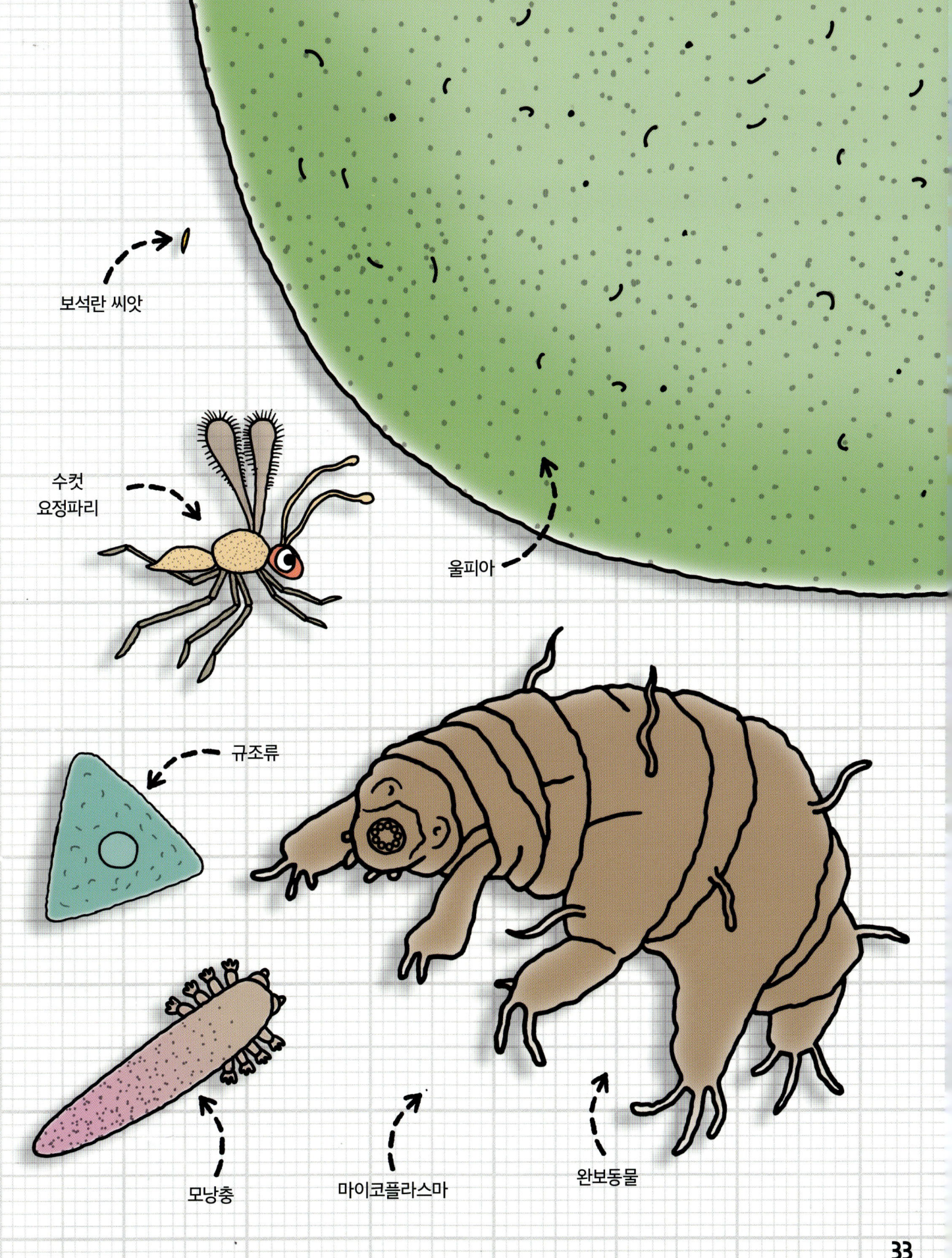

보석란 씨앗

수컷
요정파리

울피아

규조류

모낭충

마이코플라스마

완보동물

뜻풀이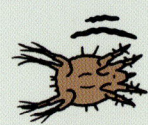

8쪽

세균(박테리아): 단세포 생물로 다른 생명체에게 기생하여 병을 일으키기도 한다.

고세균: 세균과 비슷한 단세포 생물이지만 세균과는 달리 높은 온도나 염도의 환경에서도 잘 생식한다.

효모: 곰팡이류의 균에 속하는 단세포 생물로 빵, 맥주, 포도주 등을 만드는 데 사용된다.

세포: 생물을 이루는 기본 단위로 핵막의 유무에 따라 진핵 세포와 원핵 세포로 나뉜다.

9쪽

미소 생물: 완보동물, 요각류, 물벼룩 등 몸의 구성이 있는 아주 작은 생물을 미소 생물이라고 부른다.

진드기: 진드기과의 작은 거미류에 속하는 생물로 머리·가슴·배가 한 몸이다. 피를 빨아 먹는 흡혈 진드기류도 있다.

10쪽

렌즈: 빛을 굴절해서 물체를 확대하는 데 쓰는 곡선 모양의 투명한 물체이다.

벼룩: 다리가 발달되어 있어 점프를 잘하며 대부분 피를 빨아 먹는다.

11쪽

병원 미생물: 병의 원인이 되는 미생물이다.

13쪽

씨방: 속씨식물의 꽃 아랫부분에 씨앗이 있는 부위이다.

종: 생물을 나누는 데 가장 기본이 되는 분류학적 단위이다.

영양분: 생물의 몸을 구성하며 에너지원으로 사용되는 물질이다.

광합성: 식물이 태양 에너지를 이용해 물과 이산화 탄소를 영양분으로 바꾸는 과정이다.

규조류: 물속에서 살며 광합성을 하는 단세포 조류로 돌말류라고도 한다. 단단한 껍질로 덮여 있다.

15쪽

윤형동물: 입 주위에 있는 섬모가 두 개의 수레바퀴처럼 움직이는 동물이다.

복모동물: 몸 표면이 얇고 단단한 층(큐티클)으로 싸여 있으며 배 쪽에 섬모가 줄지어 나 있어 섬모를 움직여 이동한다.

다프니아: 작은 새우처럼 생긴 동물로 물속에 살아 '물벼룩'이라고도 불린다.

17쪽

툰: '커다란 통(Tun)'이라는 뜻으로 먹이와 물이 부족할때 완보동물이 생존을 위해 만드는 상태이다.

18쪽

와편모충류: 적조의 원인이 되는 단세포 생물로 대체로 10에서 200마이크로미터의 크기이다.

식물 플랑크톤: 식물처럼 광합성을 하여 양분을 얻는 플랑크톤이다.

석회비늘편모류: 바다에 살며 광합성을 하는 식물 플랑크톤으로 탄산 칼슘으로 이루어진 비늘을 가지고 있다.

이산화 탄소: 탄소류가 연소하거나 생물이 호흡하면서 발생하는 기체이다.

지구 온난화: 지구의 평균 기온이 높아지는 현상을 말한다.

19쪽

동물 플랑크톤: 식물 플랑크톤이나 박테리아 등을 잡아먹을 수 있다.

요각류: 노를 젓는 다리를 가진 작은 생물로 '노벌레'라고도 부른다.

유공충: '구멍을 가진 것'이라는 뜻의 이름으로 껍데기에 있는 작은 구멍으로 먹이를 먹는다.

유생: '어린 시절'을 의미하는 말로 '애벌레'와 같은 뜻이다.

20쪽

질소: 대기의 약 78퍼센트를 차지하고 있는 원소로 생물의 중요한 구성 요소이다.

균류: 곰팡이, 버섯, 효모 등 포자로 번식하는 생물을 말한다.

21쪽

선충: 물이나 흙 속에 살며 실(선) 모양이다. 다른 생물에 기생하는 종도 있다.

편형동물: 평평한 몸을 가진 생물로 좌우 대칭이다. 유명한 편형동물로는 플라나리아가 있다.

의갈(앉은뱅이 거미): 거미류의 동물로 꼬리가 없는 전갈을 닮았다. 작은 곤충을 잡아먹는다.

22쪽

산호충: 군체를 이루어 살면서 단단한 껍질이나 산호 층을 만드는 작은 바다 생물이다.

23쪽

개충: 군체를 구성하는 동물의 한 구성원이다.

점균: 일정한 모양을 갖지 않는 원형질 덩어리의 점액 곰팡이로 단세포가 무리 지어 살면서 커다란 생명체처럼 살아간다.

25쪽

숙주: 기생 생물에게 영양분을 공급하는 생물이다.

27쪽

무좀: 발에 곰팡이가 생겨서 물집이 잡히고 피부가 벗겨지는 병으로 몹시 가려운 것이 특징이다.

28쪽

아메바: 민물에 살며 다른 세균이나 미생물, 유기물을 삼켜서 소화시키는 단세포 미생물이다.

글 **애나 클레이본**

영국 에든버러에서 살고 있는 논픽션 작가예요. 영문학을 전공했지만 과학자, 의사, 예술가 등 어릴 적 꾸었던
여러 꿈을 바탕으로 과학, 기술, 생물, 신화, 화석, 셰익스피어 등 다양한 주제에 관한 글을 써요.
쓴 책으로는 《참 쉬운 진화 이야기》, 《참 신기한 변화 이야기》, 《열두 살 궁그미를 위한 지구과학》,
《뜨거운 지구》, 《공부머리 깨우는 수학게임》, 《재활용 지구》, 《하늘을 바라보면》 등이 있어요.

그림 **매튜 릴리**

일러스트레이터로서 프랭클린 왓츠(Franklin Watts), 웨일랜드(Wayland), 매튜 프라이스 리미티드
(Mathew Price Limited), 스마트 러닝(Smart Learning), BBC 등 다양한 회사와 함께 일러스트 작업을
이어가고 있어요. 그린 책으로는 〈궁금한 건 못 참아!〉 시리즈의 《평생 기억하는 지구 이야기》,
《평생 기억하는 공룡 이야기》 등이 있어요.

옮김 **한성희**

텍사스 A&M 대학교 석사 과정에서 저널리즘을 전공했어요. 지금은 엔터스코리아에서 전문 번역가로 활동 중이에요.
《나도 고양이 말 할 수 있어》, 《매일 우리 몸에서는 무슨 일이 일어나고 있을까》, 《꿀보다 글이 더 좋아!》,
《가짜 뉴스와 진짜 뉴스를 구별할 수 있어》, 《달려라, 애니! 자전거 타고 세계 속으로》 등 많은 책을 우리말로 옮겼어요.

감수 **이동주**

동아대학교 응용생물학과에서 곤충을, 한양대학교 생물학과에서 수서무척추동물을 공부해 박사학위를 받았고,
영국의 대영박물관(자연사 박물관)에서 연구원 생활을 했어요. 지금은 신라대학교 생명과학과 겸임교수로
생태학과 진화학을 가르치고 있어요. 국제요각류학회(ICOC) 정회원이자 한국환경생물학회
논문심사위원이며 숲해설가이기도 해요.

더 알고 싶다면 찾아보아요!

www.amnh.org/explore/ology/microbiology
: 미국 자연사 박물관에서 운영하는 사이트로 작은 생물에 관한 정보를 찾고 게임도 할 수 있어요.

joyfulmicrobe.com/find-a-tardigrade
: 현미경으로 완보동물을 찾는 법을 알려 주어요.

www1.pbrc.hawaii.edu/microangela
: 온갖 종류의 작은 생물과 세포를 찍은 놀라운 현미경 사진을 볼 수 있어요.

askabiologist.asu.edu/explore/plankton
: 다양한 생물의 사진을 볼 수 있고 플랑크톤에 관한 모든 정보를 얻을 수 있어요.

사진 출처

Alamy: Nigel Cattlin 27t; Hum Images 11t; Phanie 25b; Science Photo Library 23t.
Getty Images: Oxford Scientific 18.
Flickr: Stefan Siebert 19c.
NASA: 6c.
Science Photo Library: Wim Van Egmond 15tl;
Steve Gschmeissner 14c, 20b, 22br; Power & Syred 20c, 31b.
Shutterstock: Peddalanka Ramesh Babu 13bl, 17t; Choksawatdikorn 15tr, 17bl;
Dan4Earth 21c; Funny angel 16t; Gallinago media 17bc; HHelene 17cl;
Image Source Trading Ltd 7b; C Jansuebsri 17cr; Kateryna Kon 4b, 16c, 22cl, 27b;
Henri Koskinen 19b; Alex Manders 24b; Rdonar 21t; Arunee Rodloy 8; Sciencepics 9br, 14t;
SciePro 5tl, 23c; 3drenderings 27c; 3Dstock 4c, 12b; Sergey Vladmirov 19t.
Wellcome Collection/CCA.4.0 International 6b, 7c.
Wikimedia Commons: NOAA/PD 9bl; Christopher Pooley, USDA-ARS 5tr; Jeroen
Rouwkema 7t; Zookeys 10t/ Dr Barna Páll-Gergely and Nikolett Szpisjak 26t.